MEMENTO

DES

TRÉSORERIES

GÉNÉRALES

STRASBOURG

VEUVE BERGER-LEVRAULT ET FILS, LIBRAIRES-ÉDITEURS

PARIS, RUE DES BEAUX-ARTS, 5

1869

MEMENTO

DES

TRÉSORERIES

GÉNÉRALES

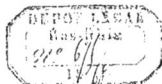

STRASBOURG

VEUVE BERGER-LEVRAULT ET FILS, LIBRAIRES-ÉDITEURS

PARIS, RUE DES BEAUX-ARTS, 5.

1869

C

AVERTISSEMENT.

Le *Memento des Trésoreries générales* était déjà à l'impression, lorsqu'a paru la circulaire de la Comptabilité publique du 10 décembre 1868. Il n'était plus possible, par conséquent, d'y introduire les prescriptions et modifications faites par l'Administration à partir de cette date. D'un autre côté, il a été reconnu, après le tirage, qu'il n'avait pas été tenu compte de quelques corrections et additions projetées avant de mettre sous presse. Il a été suppléé à ces diverses lacunes, qui sont, d'ailleurs, en très-petit nombre, au moyen d'une feuille qui suit immédiatement le présent *Avertissement*, et qui a pour titre : *Additions et rectifications*.

L'ouvrage sera ainsi publié en harmonie avec les instructions et circulaires parues jusqu'à ce jour.

Le *Memento* ne fait aucune mention des envois à faire pour les services qui n'ont qu'un caractère provisoire, tels que l'*Emprunt de 429 millions* et la *Conversion en rentes 3 p. 100 des anciens titres mexicains.* Il sera facile aux Trésoreries qui désireront introduire ces services dans l'ouvrage, de classer à leur date respective, dans les blancs ménagés à cet effet, les envois périodiques qui sont prescrits par les instructions sur ces matières.

Il n'y a pas été fait mention non plus des envois à faire à des *époques variables;* tels sont, par exemple, 1° les *Avis de changements* à adresser au Mouvement des fonds, pour rectifications opérées dans les transports précédemment faits au compte courant du Trésor (modèle n° 395, modifié, de l'Instruction générale); 2° les *Déclarations de versement* pour recettes, à titre de *fonds de concours,* à adresser sans délai au Ministère compétent, etc. (§ 5 de la circulaire de la Comptabilité du 20 mars 1866); 3° la 2ᵉ partie du Compte de gestion, dont on doit préparer la formation dès le commencement de l'année, mais qui ne doit être close et expédiée à la Comptabilité publique que sur la demande de celle-ci (§ 3 de la circulaire du 10 décembre 1868); etc.

Le *Memento* indique, d'après la circulaire de la Comptabilité du 24 août 1868, § 3, l'envoi de la 1ʳᵉ partie du Compte de gestion à faire du 15 au 20 octobre. Parmi les états et bordereaux formant la collection à produire avec cette 2ᵉ partie du Compte de gestion se trouvent : 1° les *États des impositions départementales et communales* comprises aux rôles des contributions directes, et 2° l'*État des versements reçus pour recettes accidentelles à différents titres*. Les états des impositions comprises aux rôles étant dressés par les soins de la Préfecture, il convient de lui remettre les cadres à ce destinés dès qu'ils parviennent à la Trésorerie générale, pour qu'elle puisse, sans retard, s'occuper de leur confection, et attendu que l'état des impositions *communales* exige matériellement un temps assez long pour sa formation. Quant aux versements sur recettes accidentelles, dont le détail, dans beaucoup de départements, nécessite un grand développement, il est indispensable, si on ne veut être arrêté par ce travail lors de l'envoi du Compte de gestion, d'en tenir l'état au courant mois par mois, à mesure des envois mensuels à la Comptabilité des états de développement des recettes de cette nature.

On remarquera, notamment pour les éléments de comptes à expédier mensuellement au Ministère et à la Caisse des dépôts, que lorsque *la date de réception à Paris* a été prescrite administrativement, *la date du départ* a été indiquée au *Memento* à 48 heures d'intervalle; mais ce délai de 48 heures peut être réduit de moitié, lorsque des chefs-lieux de département à Paris le parcours en chemin de fer se fait du soir au lendemain matin. En résumé, on doit toujours tenir compte, pour l'envoi des pièces devant arriver à jour fixe, du temps nécessaire au transport des dépêches, en ne perdant pas de vue que le délai de rigueur indiqué pour l'arrivée expire toujours le matin, à la distribution du courrier qui se fait à l'ouverture des bureaux.

Strasbourg, le 20 décembre 1868.

ADDITIONS ET RECTIFICATIONS.

Du 8 janvier.

Mouvement général des fonds.

Instr. gén., art. 1405.   Après le n° 34, ajouter :

État trimestriel des envois de fonds faits pour le compte du Trésor, pour remboursement des frais d'emballage et de factage de ces envois.

Même date.

Dette inscrite.

L'article n° 35 *doit être biffé*; son objet est reporté aux dates des 10 février et 10 mars, n°s 172 et 226.

Même date.

Préfecture et Comptabilité.

La mention marginale de l'article n° 40 doit être remplacée par celle-ci : « Circulaires de la Comptabilité du 10 novembre 1864, § 6, modèle n° 2; et du 10 décembre suivant, § 4. »

Du 10 Janvier.

Comptabilité publique.

L'article n° 61 doit être reporté à la date du 8 février (circulaire de la Comptabilité du 10 décembre 1868, § 1er), à la suite du Bordereau de développement complémentaire dont il sera parlé plus loin.

L'article n° 67 doit être complété en ce sens que l'état de contrôle des fonds reçus et envoyés par les trésoriers généraux doit comprendre, à partir de la gestion 1868, les envois de fonds faits entre les trésoriers généraux et les trésoriers-payeurs d'Afrique. (Circulaire de la Comptabilité du 10 décembre 1868, § 4.)

Du 10 Janvier *(suite).*

Préfecture.

Circ. 15 janv. 1868.

Après le n° 78, ajouter :

« Il y a lieu d'envoyer aussi à cette date les états de restes
« à recouvrer au 31 décembre expiré, sur les produits éven-
« tuels départementaux, les produits destinés à l'instruction
« primaire et les cotisations municipales et particulières. Une
« expédition de chacun de ces états doit être adressée à la
« Comptabilité publique dès que le préfet a statué sur le sort
« des restes à recouvrer, et au plus tard le 31 janvier. »

Du 8 Février.

Comptabilité publique.

Le n° 151, au lieu de rappeler les articles 51 à 59, doit être
ainsi libellé : « Voir les articles n° 51.... », attendu qu'il ne
doit pas être produit de Balance générale à l'expiration du
mois de janvier.

A la suite du n° 151 il convient d'ajouter par un renvoi
dans la marge de droite : « Bordereau de développement com-
« plémentaire prescrit par la circulaire de la Comptabilité
« du 10 décembre 1868, §§ 1 et 2. »

MEMENTO

DES TRÉSORERIES GÉNÉRALES.

—◦◦◦◦◦◦—

Caisse des dépôts et Trésor.

N° 1. Les 1er, 11 et 21 de chaque mois au matin, régler l'excédant de recette ou de dépense de la Caisse des dépôts pour la dizaine expirée. — Établir l'avis détaillé décadaire des recettes et des dépenses. — Délivrer à la date de la veille le mandat sur le Trésor ou sur la Caisse des dépôts qui résulte de ce règlement. — Envoi de ce mandat au Trésor ou à la Caisse des dépôts, suivant le cas, avec les avis et lettres nécessaires.

NOTA. Cet envoi peut être ajourné aux 2, 12 et 22. (Art. 17 de l'Instruction de la Caisse des dépôts du 1er novembre 1863.)

A l'avis décadaire des recettes et des dépenses susvisé doit être joint, quand il y a lieu, un avis détaillé des versements effectués pendant la même dizaine au titre de la Caisse des retraites pour la vieillesse.

—◦◦◦◦◦◦—

Tous les jours.

Mouvement général des fonds.

N° 2. Avis journalier de recettes pour émission de mandats sur le Trésor.

N° 3. Avis journalier de versements à la succursale de la Banque.

Postes.

N° 4. Envoi au directeur des postes du département des talons de récépissés, avec état justificatif à l'appui, des fonds de subvention versés dans la journée aux receveurs des postes.

MOIS DE JANVIER.

1er Janvier.

Voir les nos 120, 121 et 122.

Préfecture et Personnel.

N° 5. Envoi au visa du préfet de l'État des congés accordés aux percepteurs et qui ont expiré le *mois* précédent. — Quand cet état est dûment visé, l'envoi doit en être fait sans retard à la Direction du personnel.

Préfecture et Comptabilité publique.

N° 6. Envoi au visa du préfet de l'État des congés accordés aux percepteurs et qui ont expiré pendant le *trimestre* précédent. — Quand cet état est dûment visé, l'envoi doit en être fait sans retard à la Direction générale de la Comptabilité publique.

Dette inscrite.

Circ. 20 juin 1863 et 21 oct. 1867.

N° 7. État négatif ou affirmatif des rentes 3 p. 100 atteintes par la prescription quinquennale.

Circ. 2 janv. 1850 (Dette inscrite).

N° 8. Renvoi des états d'annulation des rentes directes 3 et 4 1/4 p. 100, accompagnés des bulletins annulés frappés du timbre d'annulation.

Circ. n° 78, 8 août 1833 et 30 déc. 1867.

N° 9. Les crédits annulés sur le chapitre spécial des exercices clos du Ministère des finances concernant la Dette publique, rentes 3, 4 et 4 1/4 p. 100, sont reportés d'office le 1er janvier au même chapitre de la nouvelle année, avant la réception des ordonnances qui sont adressées aux trésoriers généraux par le Mouvement des fonds.

Caisse centrale.

Circ. 27 juill. 1868, § 3 (Mouvem. des fonds).
Mod. n° 4. Circ. 21 janv. 1867 (Comptabilité).
Mod. n° 1. Circ. 22 mars 1867 et mod. n° 3. Circ. 28 mai 1867 (Comptabilité).
Art. 689 de l'Instr. gén.

N° 10. Bordereau des quittances d'arrérages de rentes et de pensions.

N° 11. Bordereau des valeurs représentatives de payements faits pour le compte du Trésor.

N° 12. Bordereau de coupons de rentes au porteur.

— — — mixtes.

— — d'obligations du Trésor.

N° 13. Mandat sur le Trésorier général de la Couronne.

2 Janvier.

Mouvement général des fonds.

Circ. 2 avril 1857 (Mouvement des fonds).

N° 14. Relevé des payements effectués par ministère sur les exercices en cours pendant le mois expiré (modifié).

Mod. n° 2. Circ. 12 oct. 1867.

N° 15. Mouvement de monnaies divisionnaires d'argent français.

Trésorier général de la Couronne. (Sous le couvert du Ministère de la maison de l'Empereur.)

Circ. 20 janv. 1858.

N° 16. États détaillés accompagnés des pièces justificatives constatant les payements faits pour son compte et avis d'émission de mandat remis au Trésor public.

3 Janvier.

Mouvement général des fonds.

Mod. n° 4. Circ. 27 juin 1868 (Comptabilité).

N° 17. Lettre d'envoi des avis et états détaillés ci-dessous, pour recouvrements faits pendant la dizaine expirée.

Avis des recouvrements pour les contributions et revenus publics, les services spéciaux et de trésorerie, et avis de payements sur divers services de trésorerie (mod. n° 2 de la circulaire précitée), *accompagné de bordereaux détaillés* pour les placements, à intérêts, des communes et établissements publics (391), — pour les fonds déposés sans intérêts par divers établissements (392), — les fonds de retraites, — les recouvrements faits pour le compte du trésorier des invalides de la marine (393), — les recouvrements pour le service des colonies (401), — les recouvrements pour le compte de la régie intéressée des salines et mines de sel de l'Est, — les fonds déposés par les corps de troupes (394), — les avis de remboursements sur les fonds placés à intérêts par les communes et établissements publics (406), — et sur les fonds déposés sans intérêts par divers établissements (407).

Mod. n° 3. Circ. 27 juin 1868.

N° 18. Avis de payements sur les dépenses publiques sur les services spéciaux et sur divers services de trésorerie.

Mod. n° 402, art. 653 et 1994.

N° 19. Avis pour versements de fonds de subvention aux receveurs des revenus indirects.

Mod. n° 408, art. 2003.

N° 20. Avis de remboursements sur les fonds déposés par les corps de troupes.

Mod. n° 2. Circ. 6 déc. 1866 (Comptabilité).

N° 21. Bordereau récapitulatif des avis journaliers de recettes pour émission de mandats sur le Trésor.

Mod. n° 399, art. 1990 à 1992.

N° 22. Demandes de crédit en faveur des trésoriers généraux et des trésoriers-payeurs d'Afrique et des colonies, pour fonds reçus pour leur compte (2 lettres distinctes).

3 Janvier *(suite)*.

Mouvement général des fonds.

Mod. n° 404.

N° 23. Demande de débit au compte des trésoriers-payeurs d'Afrique et des colonies, en raison des payements faits pour leur compte.

Mod. n° 405, art. 1999.

N° 24. Bordereaux de mandats du Trésor acquittés.

Mod. n° 166, art. 640 de l'Instr. gén., modifié par la Circ. 12 oct. 1867 (Mouvement des fonds).

N° 25. État de situation décadaire du trésorier général vis-à-vis du Trésor, sur l'ensemble des services.

Direction générale de la Comptabilité publique.

Circ. 31 mai 1862, § 18.

N° 26. Copie du Livre de détail pour le mois expiré.

Mod. n°s 358 et 359, art. 1770 à 1775, 1776 à 1781, 1855 à 2091 et 2108 à 2152.

N° 27. La copie du Journal, pour la dizaine expirée.

Circul. 31 mai 1862, n° 716.

« Les opérations effectuées par les receveurs particuliers, pendant la 3° dizaine de décembre, doivent être rattachées à la gestion expirée. »

Circul. 28 févr. 1863, n° 738.

« La copie du Journal spécial doit être envoyée en même temps que la copie du Journal général. Ces deux copies ne doivent former qu'un seul cahier. »

« Des copies supplémentaires, même négatives, doivent être adressées toutes les dizaines jusqu'à la demande du résumé complémentaire de la gestion expirée. »

N° 28. Envoi des talons de récépissés des fonds de subventions fournis aux receveurs des régies financières, autres que les receveurs des postes.

Préfecture.

Mod. n° 279, art. 1869, 1709, 1710, 1839 et 2080 de l'Instr. gén.

N° 29. État détaillé des récépissés délivrés pendant le mois.

5 Janvier.

Ministère de la marine.

Mod. n° 202, art. 732 de l'Instr. gén. N° 30. Lettre-bordereau (avec pièces justificatives) des ordres de recettes et des ordres de payements intéressant le service local des colonies.

6 Janvier.

Caisse des dépôts et Trésor.

Circ. 31 mai 1862, § 11. N° 31. Règlement exceptionnel de l'excédant de recette ou de dépense de la Caisse des dépôts pour les opérations de la 3ᵉ dizaine de décembre des arrondissements de sous-préfectures.

Voir, pour le surplus de l'opération, le n° 1 ci-dessus.

Mouvement des fonds.

Circ. 31 mai 1862, § 11. N° 32. Envoi des documents désignés aux nᵒˢ 17 à 24 pour ce qui concerne les opérations de la 3ᵉ dizaine de décembre des arrondissements de sous-préfectures.

8 Janvier.

Direction générale de la Comptabilité publique.

Mod. n° 265, art. 1295, 1300. N° 33. Relevé sommaire de la situation du recouvrement des contributions directes.

Circ. 18 mai 1860. Les recouvrements doivent être évalués en douzièmes et millièmes de douzième.

Mouvement général des fonds.

Mod. 128. Circ. lithogr.
10 juin 1833.

N° 34. État des changements de dispositions.

Dette inscrite.

Circul. 20 déc. 1862,
n° 793 (Comptabilité
générale).

N° 35. Déclaration pour changement de résidence des rentiers.

Circ. 6 mai 1853.

N° 36. États de situation des crédits des pensions.

Circ. 15 oct. 1858, § 2.

N° 37. États des annulations de rentes viagères par suite de la prescription triennale.

Trésorier général des invalides de la marine. (Sous le couvert du Ministère de la marine.)

Art. 784 et 1165 de
l'Instr. gén.

N° 38. Lettre d'envoi et bordereaux des pièces justificatives constatant les payements effectués pour son compte.

Ministère de la marine.

Circ. 16 août 1866.

N° 39. Bordereaux sommaires des payements effectués sur ordonnances de payements par exercices.

Préfecture.

Mod. n° 249, art. 1210
de l'Instr. gén.

N° 40. Situation du personnel des employés de la Trésorerie générale et des recettes particulières.

8 Janvier *(suite)*.

Intendant divisionnaire.

Ord. 31 mai 1838, art. 251. Circ. 15 juill. 1852 et 30 déc. 1854 (Comptabilité).

N° 41. Bordereaux sommaires sur ordonnances et sur mandats par exercices et budgets.

Conservateur des forêts.

Circ. 16 mai 1868 (Secrétariat général des finances).

N° 42. Bordereaux sommaires, par exercices, chapitres et articles, des payements effectués à la fin du mois écoulé.

Directeur des contributions directes.

N° 43. *Idem.*

Ordonnancements secondaires des préfets et ingénieurs.

Ord. 31 mai 1838, art. 251. Circ. 15 juill. 1852 et 30 déc. 1854 (Comptabilité).

N° 44. Bordereaux sommaires par ministères, budgets et exercices. États des vingtièmes et mandats pour la préfecture.

Ministère de l'agriculture, du commerce et des travaux publics.

Mod. n° 98, art. 381 et 382. Circ. 22 mai 1866.

N° 45. Produits de la taxe des brevets d'invention. Suppression du visa du préfet sur l'état des recouvrements.

10 Janvier.

Comptabilité publique.

Mod. n° 267, art. 1297, 1307, 1308.

N° 46. Résumés des procès-verbaux des vérifications faites pendant le mois précédent chez les percepteurs et receveurs spéciaux.

Mod. n° 293, art. 1318.

N° 47. Procès-verbal ou extrait de la vérification des caisses d'épargne.

Circ. 17 mars 1866.

N° 48. Décomptes généraux des émoluments liquidés pour le trimestre écoulé au profit du trésorier général et des receveurs particuliers.

Mod. n° 409, art. 1114, 2014, modifié par la Circ. 27 avril 1867, § 6.

N° 49. États de rapprochement des écritures du trésorier général et de celles des receveurs particuliers.

Mod. n° 90, art. 358.

N° 50. Relevé des retenues sur les émoluments des receveurs des finances et des percepteurs.

Circ. 20 sept. 1866.

N° 51. Lettre d'envoi des documents de comptabilité pour le mois expiré.

Mod. n° 412, art. 2099, 2106 et 2214.

N° 52. Balance des comptes du Grand Livre.

N° 53. Développements de la Balance.

Mod. n° 410, art. 2098, 2107 et 2214.

N° 54. Résumés des opérations du mois. (Recette et dépense.)

Mod. n° 411, art. 2098 et 2185.

N° 55. Développement des fonds de concours et des recettes accidentelles.

N° 56. Bordereaux de développements par exercice.

Circ. 16 juin 1853 et 20 sept. 1866.

N° 57. État des changements de dispositions.

N° 58. Relevé nominatif des remboursements de cautionnement.

Circ. 20 avril 1853 et 25 août 1854.

N° 59. Relevé des payements effectués sur exercices clos de la dette viagère.

10 Janvier (suite).

Comptabilité publique.

Circ. 27 oct. 1868, mod. n° 1.

N° 60. État comparatif des crédits ouverts pour dépenses publiques du Ministère des finances avec les payements effectués sur ordonnances de délégation.

NOTA. L'État comparatif est fourni le 31 déc. de la 1re année de l'exercice.

— — le 30 avril de la 2e année de l'exercice.

— — le 31 mai —

— — le 30 juin —

— — le 31 juillet —

— — le 31 août —

— — le 30 septembre —

Il est transmis avec les autres documents mensuels.

Circ. 20 nov. 1867, § 6, mod. 2 et 4.

N° 61. Bordereau des dépenses sur exercices clos et périmés pendant l'année.

Circ. 27 juin 1868, § 5, mod. 1.

N° 62. État de situation des recouvrements et des restes à recouvrer au 31 décembre sur fonds de concours, à joindre à la Balance au 5 janvier.

Mod. n° 105, art. 455, 459, 464, 632. Circ. 10 nov. 1864.

N° 63. État des restes à recouvrer sur divers services, à joindre à la Balance au 5 janvier.

Circ. 21 déc. 1860, mod. n° 3. Circ.10 nov. 1864.

N° 64. État des reliquats sur divers services. Cet état doit être établi en minute et en deux expéditions, dont l'une est envoyée avec la Balance au 5 janvier, et la deuxième est jointe au Compte de gestion.

Circul. 24 déc. 1861, n° 696, 11 févr. 1862 et 31 mai 1862, n° 716. Circ. 10 nov. 1864.

Circul. 31 mai 1862, n° 716, et 20 déc. 1862, n° 733.

N° 65. Développement des soldes des correspondants de la Trésorerie générale, à joindre à la Balance au 5 janvier.

Circul. 30 sept. 1862, n° 728, et 15 janv. 1868.

N° 66. États des restes à recouvrer sur cotisations municipales, produits départementaux et instruction primaire.

Circ. 20 nov. 1867, § 15.

N° 67. État de contrôle des fonds reçus et envoyés aux trésoriers généraux, à adresser avec la Balance au 5 janvier.

Circ. 30 déc. 1867, § 5.

N° 68. Relevé des recouvrements sur fonds de concours, pour lesquels les titres de perception ne seraient pas parvenus à la Trésorerie générale, à joindre à la Balance au 5 janvier.

10 Janvier *(suite)*.

Mouvement général des fonds.

Circ. 30 déc. 1858.

N° 69. Balance des comptes du Grand-Livre des fonds particuliers.

Circ. 24 mars 1866.

N° 70. Relevé des opérations effectuées pour le compte des habitants du département. (A joindre à la Balance des fonds particuliers.)

Dette inscrite.

Circ. 30 nov. 1833.

N° 71. Lettre d'envoi des avis de décès des pensionnaires de l'État.

Caisse des dépôts et consignations.

Instr. gén. 1er août 1859.

N° 72. Inventaire des livrets de la Caisse des retraites pour la vieillesse, existant au 31 décembre de chaque année.

N° 73. Inventaire des livrets du service de la dotation de l'armée.

Préfecture.

Mod. n° 2. Circ. 15 janv. 1868.

N° 74. Situation du recouvrement des produits éventuels affectés aux dépenses du département à la fin du mois expiré.

Mod. 107, art. 1802.

N° 75. Situation des recouvrements effectués pendant le mois expiré sur produits éventuels affectés aux dépenses du département.

Mod. n° 108, art. 400.

N° 76. Situations des recouvrements sur les produits destinés aux dépenses des écoles normales primaires et de l'instruction primaire.

Mod. 164, art. 682. Circ. 15 janv. 1868.

N° 77. Développement du compte des cotisations municipales et particulières.

Circ. 15 janv. 1868.

N° 78. Joindre à l'État de situation sur cotisations, pour le mois de décembre, un état détaillé, par numéros, sommes, dates d'émission et noms des parties prenantes, des mandats restant à payer au 31 décembre.

Préfecture.

Mod. n° 49, art. 222.

N° 79. Situation des payements constatés pendant le mois expiré pour les dépenses relatives aux contributions directes.

Mod. n° 162, art. 603.

N° 80. États des recettes effectuées pendant le mois expiré sur contraintes, excédants de versement, droits de permis de chasse, reliquats sur divers services, dépôts de soumissionnaires et versements des agents comptables de l'enseignement supérieur. (Titres de perception à soumettre au visa du préfet.)

Sous-intendant.

Ord. 25 déc. 1837, art. 573. Circ. 26 déc. 1838 (Comptabilité gén.).

N° 81. Les déclarations de quittances accompagnées d'un bordereau.

Directeur de l'enregistrement et des domaines.

Mod. n° 131, art. 535.

N° 82. États des payements effectués pendant le mois expiré à des héritiers de créanciers de l'État pour tous les services. (Dépenses budgétaires, de trésorerie et de la Caisse des dépôts et consignations.)

Les présidents des conseils des directeurs des Caisses d'épargne de l'arrondissement.

Mod. n° 293, art. 1318.

N° 83. Procès-verbaux de la vérification du service des caissiers.

11 Janvier.

Caisse des dépôts.

N° 84. Voir art. 1er.

Caisse centrale.

N° 85. Voir 10 à 13.

12 Janvier.

Comptabilité.

Mod. n° 388, art. 1934. N° 86. Résumé du contrôle des versements effectués par les receveurs des administrations financières aux receveurs des finances pendant le semestre expiré.

Circul. 22 sept. 1865 (Comptabilité gén.). Le résumé ne devra être produit que deux fois par an, à l'expiration de chaque semestre.

Trésorier général de la Couronne.

N° 87. Voir art. 16.

13 Janvier.

Mouvement général des fonds.

N° 88. Voir art. 17 à 25.

Comptabilité.

N° 89. Voir art. 27 (avec les observations qui y font suite) et art. 28.

15 Janvier.

Comptabilité.

Mod. n° 251, art. 1216. — **N° 90.** Feuilles de signalement des percepteurs surnuméraires du département.

Circ. 30 sept. 1866, mod. unique. — **N° 91.** Relevé des recettes effectuées pendant l'année précédente par les secrétaires agents comptables des facultés et autres établissements d'enseignement supérieur.

Mouvement général des fonds.

Circ. 4 juill. et 3 oct. 1866 (Mouvement des fonds), nᵒˢ 16 et 22. — **N° 92.** Relevés des capitaux employés en achats de rentes dans les arrondissements de sous-préfectures.

Mod. n° 352, art. 1718, 2107 et 2187. — **N° 93.** Balance des comptes courants des communes et établissements publics avec le Trésor, accompagnée des états récapitulatifs.

Mod. n° 210, art. 768, 770, 773, 774. — **N° 94.** Relevés sommaires des résultats des décomptes d'intérêts dressés au nom de chaque commune et établissement public.

Circul. 31 mai 1862, n° 716. — « Le relevé sommaire doit comprendre les opérations des receveurs particuliers de la 3ᵉ dizaine de décembre. »

Direction du Personnel.

Circ. 14 déc. 1864 (Personnel). — **N° 95.** Feuilles de signalement des receveurs particuliers.

Mod. n° 276, art. 1352. — **N° 96.** Feuilles de signalement concernant les percepteurs du département, classées par ordre alphabétique des noms des percepteurs.

Mod. n° 251, art. 1216. — **N° 97.** Feuilles de signalement des percepteurs surnuméraires du département.

Caisse des dépôts et consignations.

Mod. n° 121, 122, art. 502, 507, 548, 562, 1896. — **N° 98.** Relevés détaillés des recouvrements et des payements.

Mod. n° 124, art. 504 et 1806. — **N° 99.** États détaillés des récépissés.

NOTA. Les récépissés sont remplacés par les talons. (Circ. 31 déc. 1861, n° 699.)

15 Janvier *(suite)*.

Caisse des dépôts et consignations.

Mod. n° 133, art. 548.

N° 100. Bordereau des placements des caisses d'épargne.

N° 101. Bordereau des prestations versées pour l'exonération du service militaire par les jeunes appelés.

N° 102. *Idem* par les militaires sous les drapeaux.

Mod. 150 à 154, art. 562 de l'Instr. gén.

N° 103. Bordereaux de versements volontaires.

N° 104. Bordereau des versements effectués pour le compte de la dotation de l'armée.

N° 105. Bordereau des versements avant l'appel.

Mod. n° 125, art. 504 et 1806.
Circul. 31 mai 1882, n° 716.

N° 106. Bordereaux détaillés des pièces justificatives de dépenses.

Mod. n° 134, art. 548.

N° 107. Bordereau des remboursements aux caisses d'épargne.

Circ. 12 sept. 1840.

N° 108. Bordereau des payements pour l'indemnité de Saint-Domingue.

(Les documents désignés sous les n°s 98 à 108 doivent, pour le mois de décembre, comprendre les opérations de la 3° dizaine des arrondissements de sous-préfectures.)

Légion d'honneur.

Mod. 155 et 156, art. 574 de l'Instr. gén., modifié par la Circ. 16 août 1866, § 4 (Comptabilité publ.).

N° 109. États détaillés des recouvrements et des payements effectués pendant le mois expiré, avec les pièces justificatives (y compris, pour le mois de décembre, la 3° dizaine des arrondissements de sous-préfectures).

Dette inscrite.

Mod. n° 215, art. 799 de l'Instr. gén. Circ. 31 mai 1882, § 11.

N° 110. État des recouvrements sur cautionnements. (L'état du mois de décembre doit comprendre les recettes faites dans les arrondissements pendant la 3° dizaine dudit mois.)

18 Janvier.

Comptabilité.

Circ. 20 sept. 1866.

N° 111. Envoi des acquits pour le mois expiré renfermés dans des chemises-enveloppes ouvertes par chapitres et articles.

Circ. 20 sept. et 7 déc. 1866.

Bordereaux de détail.

Circ. 20 sept. 1866.

Relevés par articles.

Circ. 20 sept. 1866.

Bordereaux récapitulatifs.

N° 112. Établissement des bordereaux pour l'envoi des acquits.

Les bordereaux de détail doivent être établis par chapitres ou par articles, lorsque les crédits et les carnets sont ouverts par chapitres et articles; la nomenclature du bordereau de détail à employer est donnée par la Circulaire du 20 novembre 1867, §§ 6 et 13.

Les bordereaux ouverts par articles doivent être placés dans un relevé pour avoir les dépenses par chapitres ainsi reportées sur les bordereaux de développements; ces relevés et les autres bordereaux détaillés sont renfermés dans le bordereau récapitulatif, qui donne les dépenses par chapitres, telles qu'elles ont été inscrites sur le bordereau de développements, à moins de différences reconnues, et qui doivent être expliquées dans une colonne ouverte à ce sujet, et qui proviennent soit d'erreurs par suite de faux classements, de réimputations ou d'acquits retenus, qui ne sont pas complétement justifiés.

Il faut un bordereau récapitulatif par ministère, exercice et budget.

Les acquits justifiés doivent être seuls envoyés et portés sur les bordereaux de détail et récapitulatifs.

Circ. 20 sept. 1866.

Ceux qui restent à justifier doivent faire l'objet d'envois supplémentaires.

Circ. 20 nov. 1867, § 14.

Il est gardé minute des lettres d'envoi d'acquits et des envois supplémentaires.

N° 113. Il doit être fait une liasse par ministère, exercice et budget, séparée par une bande; il est ensuite formé plusieurs paquets, comprenant un ou plusieurs ministères, classés par ordre d'exercices, de budgets et de ministères. Les paquets doivent être ficelés à l'extérieur comme à l'intérieur.

La désignation des ministères renfermés dans chaque paquet est placée sur l'adresse, qui doit porter cette suscription : *Direction générale de la Comptabilité publique* (bureau des trésoriers généraux).

Mettre aussi le numéro du département et le cachet du trésorier général, ainsi que *Acquits du mois de......*

Circ. 20 sept. 1866.

Les certificats de réimputation ou de faux classements doivent être transmis avec la lettre d'envoi d'acquits, qui porte un cadre à ce destiné.

18 Janvier *(suite)*.

Comptabilité.

N° 114. La Circulaire du 7 décembre 1866 prescrit l'extrait du registre permanent des pensions à donner aux receveurs particuliers chargés du visa et du payement des pensions, et celle du 27 octobre 1868, qui la modifie, prescrit, sous le § 1er, des bordereaux détaillés mensuels pour tout le département, par nature de pension et par trimestre.

N° 115. La Circulaire du 20 novembre 1867 donne le modèle des bordereaux de détail à employer pour les dépenses sur exercices clos et périmés.

N° 116. La Circulaire du 15 janvier 1868 donne le modèle des bordereaux de détail pour les dépenses départementales.

Mod. nos 416 et 418, art. 2189 à 2197 et 2199 à 2209 de l'Instr. gén. Circ. 20 mars, 31 mai 1862 et 10 sept. 1866 pour l'envoi des pièces et la suscription des paquets.

N° 117. Bordereaux des pièces de recette et de dépense du mois expiré.

Circ. 20 avril 1858 et 28 sept. 1855.

N° 118. Lettre d'envoi accompagnée des autorisations d'inscription des pensions.

Ord. 31 mai 1838, art. 245.

N° 119. Lettre d'envoi accompagnée des extraits de l'état général des cautionnements en numéraire reçus du Mouvement des fonds avec les crédits.

20 Janvier.

Comptabilité publique.

N° 120. A compter du 31 décembre de chaque année, il y a lieu d'établir en double expédition, pour être expédiés vers le 20 janvier, les documents ci-après :

Comptabilité publique.

Circ. n° 177, 20 févr. 1850, mod. n° 6.

1° État sommaire des restes à payer sur le service des rentes résultant de la comparaison des crédits ouverts et des payements effectués au 31 décembre sur le chapitre des exercices clos;

Circ. n° 209, 25 août 1854, § 1.

2° État nominatif, distinct par nature de rentes, des restes à payer sur les exercices clos annulés dans la comptabilité de la Trésorerie générale et reportés immédiatement au même chapitre de l'exercice suivant;

Circ. n° 177, 20 févr. 1850, mod. n° 8.

3° Situation provisoire des crédits ouverts et des payements effectués au 31 décembre sur les rentes 3, 4 et 4 ½ p. 100 de l'exercice courant;

Circ. n° 177, 20 févr. 1850, mod. n° 9.

4° Situation provisoire des crédits ouverts et des payements effectués sur le chapitre des exercices périmés pour les rentes 3, 4 et 4 ½ p. 100;

Circ. n° 190, 21 juill. 1851, mod. n° 1.

5° État sommaire des restes à payer résultant de la comparaison des crédits ouverts et des payements effectués, pour intérêts de cautionnements sur le chapitre des exercices clos, au 31 décembre;

Circ. n° 190, 21 juill. 1851, mod. n° 3.

6° Situation provisoire des crédits ouverts et des payements effectués sur l'exercice en cours, et applicables tant à cet exercice qu'aux exercices périmés, sur le service des intérêts de cautionnements;

Circ. n° 189, 14 juill. 1851.

7° État nominatif des restes à payer au 31 décembre sur les capitaux et intérêts de cautionnements;

Circ. n° 186, 7 mars 1851.

8° État, par ministère, des reversements effectués;

Circ. n° 202, 15 juin 1853.

9° État des parties non payées pour secours accordés aux pensionnaires de l'ancienne liste civile;

Circ. n° 201, 20 avril 1853, mod. n° 2.

10° Dette viagère. Dépenses des exercices clos effectuées sur les crédits de l'exercice en cours.

États récapitulatifs des payements effectués par mois sur les différentes natures de dettes viagères sur chaque exercice pendant l'année courante.

Mod. n° 89, art. 357.

N° 121. Décompte de retenues à exercer sur les remises allouées au trésorier général pour produit des coupes extraordinaires de bois des communes et établissements publics.

Secrétariat général des finances.

N° 122. Il y a lieu d'établir en double expédition, le 31 décembre de chaque année, pour être expédiés le 20 janvier, les états ci-après :

Circ. 27 sept. 1851.

Relevé des ordonnances de payement non payées sur le chapitre des exercices clos;

Circ. 30 déc. 1867.

Clôture de l'exercice, accompagnée de pièces justificatives, quand c'est le cas; ce relevé est fourni négatif ou positif.

Directeur des contributions directes.

Instr. gén. sur les mutations 18 déc. 1823, art. 23.   **N° 123**. Extraits des cahiers des notes des percepteurs pour le service des mutations.

Inspecteur départemental des lignes télégraphiques.

Circul. 31 mai 1862, n° 716.   **N° 124**. Bordereau des pièces justificatives des payements faits pendant le mois expiré, pour le compte de l'administration des lignes télégraphiques.

Mouvement général des fonds.

Mod. n° 205, art. 747 de l'Instr. gén.   **N° 125**. Bordereau des mandats émis par le trésorier général et par les receveurs particuliers pendant le trimestre expiré.

21 Janvier.

Caisse des dépôts et consignations.

N° 126. Voir art. 1er.

Caisse centrale.

N° 127. Voir art. 10 à 13.

22 Janvier.

Trésorier général de la Couronne.

N° 128. Voir art. 16.

23 Janvier.

Mouvement général des fonds.

N° 129. Voir art. 17 à 25.

Comptabilité publique.

N° 130. Voir art. 27 (avec les observations qui y font suite) et art. 28.

25 Janvier.

Mouvement général des fonds.

Mod. n° 165, art. 640.

N° 131. Aperçu des ressources et des besoins du mois suivant.

28 Janvier.

Comptabilité publique.

Circ. 30 déc. 1867, § 4.

N° 132. Les relevés sommaires, modèle n° 1 de la Circulaire du 11 mars 1867, accompagnés des ordonnances de payement et de délégation, renfermés dans leur état récapitulatif respectif. (N°s 33 à 73 de l'inventaire du Compte de gestion, 2e partie.)

Les états comparatifs et états développés du service départemental sont renfermés dans les relevés sommaires.

Circul. 30 déc. 1867. Fasquel, art. 1760.

Les documents suivants sont aussi placés dans un état récapitulatif respectif :

1° Un exemplaire des budgets départementaux, ministères de l'intérieur et de l'instruction publique ;

2° Un exemplaire du compte des recettes et dépenses départementales de l'année précédente [1] ;

1. L'exemplaire du compte des recettes et dépenses n'étant imprimé que très-tard, il est transmis par lettre spéciale dès que la Préfecture l'a fourni.

28 Janvier *(suite).*

Comptabilité publique.

3° Les états nominatifs et modificatifs trimestriels du clergé pour les trois premiers trimestres ;

4° Les tableaux sommaires des certificats de proposition de payement pour les entreprises embrassant plusieurs années[1] ;

5° Expédition de l'arrêté du préfet pour fixer la répartition des fonds votés pour les chemins vicinaux ordinaires et de grande communication.

30 Janvier.

Comptabilité publique.

Mod. n° 21, art. 113 à 116.

N° 133. Décompte définitif des remises revenant aux percepteurs sur les contributions directes.

NOTA. — Ce décompte n'est établi qu'après la réception de l'état du montant des rôles supplémentaires du 4ᵉ trimestre de l'exercice, et est envoyé aussitôt au visa du préfet ; après quoi une expédition est adressée à la Comptabilité publique.

Mod. n° 54, art. 238, 254 et 266.

N° 134. Décompte des remises revenant aux percepteurs sur produits divers. (Mines, mainmorte, poids et mesures, droits de visite des pharmacies, etc.)

Le dernier jour du mois.

Ponts et chaussées. Ingénieurs.

Fasquel, art. 1202 et art. 1348.

N° 135. Bordereau accompagné des taxes à témoins pour le service de la pêche fluviale.

---

1. Les tableaux sommaires, n'étant pas fournis avant le 1ᵉʳ mars, ne peuvent être envoyés qu'à cette époque. (Régl. trav. publ. 1849, art. 161.)

Du reste, tous les documents énumérés à l'article 132 ne sont placés à la date du 28 janvier que pour qu'on s'occupe de leur formation dès cette date ; ils doivent être produits (sauf les deux exceptions ci-dessus) avec le Compte de gestion, 2ᵉ partie.

Le dernier jour du mois *(suite)*.

Conservateur des forêts.

Pasqual, art. 1202 et art. 1848. **Nº 136.** Bordereau accompagné des taxes à témoins en matière forestière, pour servir à la délivrance d'un mandat qui est fait au nom du trésorier général.

Sous-intendant.

Circ. 28 mars 1838. **Nº 137.** États de remboursement d'indemnité de route en double expédition, pour les services de la guerre, de la marine et de la ville de Paris.

MOIS DE FÉVRIER.

1er Février.

Caisse des dépôts.

N° 138. Voir art. 1er.

Préfecture et Personnel.

N° 139. Voir art. 5.

Caisse centrale.

N° 140. Voir art 10 à 13.

2 Février.

Mouvement général des fonds.

N° 141. Voir art. 14 et 15.

Trésorier général de la Couronne.

N° 142. Voir art. 16.

3 Février.

Mouvement des fonds.

N° 143. Voir art. 17 à 25.

Comptabilité.

N° 144. Voir art. 26, 27 (avec les observations qui y font suite) et art. 28.

Préfecture.

N° 145. Voir art. 29.

5 Février.

Préfecture.

Méd. n° 95, art. 371 et 373.   N° 146. État des retenues exercées sur le traitement des instituteurs communaux.

Ministère de la marine.

N° 147. Voir art. 30.

8 Février.

Comptabilité publique.

Mod. n° 272, art. 1300, 1348 et 1351.

N° 148. Résumé de la situation des percepteurs avec l'état général des poursuites pour l'année expirée.

Mod. n° 274, art. 1300 et 1351.

N° 149. Rapport sur la marche du service pour la même période.

N° 150. Voir art. 33.

N° 151. Voir art. 51 à 59.

Mouvement général des fonds.

N° 152. Voir art. 34.

Dette inscrite.

N° 153. Voir art. 36 et 110.

Caisse des dépôts.

N° 154. Voir art. 98 à 108.

Légion d'honneur.

N° 155. Voir art. 109.

Trésorier général des invalides de la marine.

N° 156. Voir art. 38.

Ministère de la marine.

N° 157. Voir art. 39.

Intendant divisionnaire.

N° 158. Voir art. 41.

Conservateur des forêts.

N° 159. Voir art. 42.

Directeur des contributions directes.

N° 160. Voir art. 43.

Ordonnateurs secondaires. Préfets et ingénieurs.

N° 161. Voir art. 44.

Ministre de l'agriculture, du commerce et des travaux publics.

N° 162. Voir art. 45.

10 Février.

Comptabilité publique.

N° **163.** Voir art. 46.

Dette inscrite.

N° **164.** Voir art. 71.

Légion d'honneur.

Mod. n°ˢ 157 et 158, art. 579 de l'Instr. gén.

N° **165.** États récapitulatifs des recouvrements et des payements effectués pendant l'année expirée.

Circul. 20 déc. 1862, n° 783.

Les récépissés annulés doivent être envoyés à la Légion d'honneur.

Circul. 16 août 1866, § 4.

Le service de la Légion d'honneur se divisera en deux parties : dans la 1ʳᵉ partie seront comprises les opérations de l'exercice le plus ancien, et dans la 2ᵉ partie, celles du nouvel exercice.

Préfecture.

N° **166.** Voir art. 74 à 77, 79 et 80 inclus.

Sous-intendant.

N° **167.** Voir art. 81.

Circ. 24 janv. 1839.

N° **168.** État trimestriel des payements faits aux officiers sans troupes et employés militaires (du 1ᵉʳ octobre au 31 décembre de l'année expirée).

Direction de l'enregistrement et des domaines.

N° **169.** Voir art. 82.

Circ. 10 juill. 1865, § 3 (Comptabilité).

N° **170.** État des percepteurs-receveurs municipaux et receveurs spéciaux du département pour payements faits pendant le semestre expiré (du 1ᵉʳ juillet au 31 décembre) sur le prix des adjudications et marchés concernant les communes et établissements publics.

10 Février *(suite)*.

Préfecture.

Mod. n° 261, art. 1283 de l'Instr. gén.

N° **171**. État des percepteurs à signaler comme ne pouvant plus exercer personnellement leur emploi.

Dette inscrite.

Circul. 20 déc. 1862, n° 733 (Comptabilité).

N° **172**. Déclarations pour changement de résidence des rentiers (1er envoi — rente 3 p. 100).

11 Février.

Caisse des dépôts et Trésor.

N° **173**. Voir art. 1er.

Caisse centrale.

N° **174**. Voir art. 10 à 13.

12 Février.

Trésorier général de la Couronne.

N° **175**. Voir art. 16.

13 Février.

Mouvement général des fonds.

N° **176**. Voir art. 17 à 25.

Comptabilité.

N° **177**. Voir art. 27 (avec les observations qui y font suite) et art. 28.

4

15 Février.

Caisse des dépôts.

Mod.182, art. 538 et 542.   **N° 178.** Comptes courants de divers établissements publics. (Simple expédition.)

Mod. n° 135, art. 549 et 550.   **N° 179.** Comptes courants des caisses d'épargne du département. (2 expéditions.)

Mod. n°s 128 et 129, art. 507 de l'Instr. gén.   **N° 180.** État récapitulatif des recouvrements faits pendant l'année. (Simple expédition.)

Idem.   **N° 181.** État récapitulatif des payements effectués pendant l'année. (Simple expédition.)

Circ. 5 oct. 1861, n° 52.   **N° 182.** Situation présentant les versements et les remboursements sur la 2° portion du contingent.

Cette situation est établie par classe, et chaque classe divisée par arme [infanterie, cavalerie et artillerie]. (2 expéditions.)

Mod. n°s 126 et 127, art. 506, modifié par la Circ. 20 août 1862 (Caisse des dépôts). Circul. 30 sept. 1862 (Comptabilité générale). Circul. 20 déc. 1862, n° 733. Nouveau mod. du décompte des taxations. (Circ. 1er août 1865 [Caisse des dépôts].)   **N° 183.** Décompte des taxations sur le service de la Caisse des dépôts et de la dotation de l'armée. (2 expéditions.)

Ce décompte doit être envoyé à la Caisse des dépôts et consignations en deux expéditions, dont l'une est remise par elle à la Comptabilité générale, après vérification.

« Ces états et décomptes ne sont formés qu'après que la Caisse des dépôts a fait le renvoi des relevés des recettes et des dépenses du mois de décembre. »

Les récépissés annulés doivent être envoyés à la Caisse des dépôts, en ce qui concerne ce service.

Direction des contributions directes.

Art. 906 de l'Instr. gén.   **N° 184.** États-matrices de la taxe municipale sur les chiens.

18 Février.

Comptabilité publique.

N° 185. Voir art. 111 à 119.

20 Février.

Comptabilité publique.

Circ. 28 mars 1866.

N° 186. État trimestriel des payements faits pour la portion des pensions militaires à la charge de la dotation de l'armée.

NOTA. — Les pensions militaires sur lesquelles est applicable l'anticipation quinquennale et qui changent de département, font l'objet de certificats mod. n° 1 (Circ. 28 mars 1866), à adresser aux trésoriers généraux par l'intermédiaire de la Comptabilité publique.

Inspecteur départemental des lignes télégraphiques.

N° 187. Voir art. 124.

21 Février.

Caisse des dépôts et Trésor.

N° 188. Voir art. 1er.

Caisse centrale.

N° 189. Voir art. 10 à 13.

22 Février.

Trésorier général de la Couronne.

N° 190. Voir art. 16.

23 Février.

Mouvement général des fonds.

N° 191. Voir art. 17 à 25.

23 Février *(suite)*.

Comptabilité publique.

N° 192. Voir art. 27 (avec les observations qui y font suite) et art. 28.

25 Février.

Mouvement général des fonds.

N° 193. Voir art. 131.

Le dernier jour du mois.

Ponts et chaussées. Ingénieurs.

N° 194. Voir art. 135.

Conservateur des forêts.

N° 195. Voir art. 136.

Sous-intendant.

N° 196. Voir art. 137.

Dette inscrite.

Art. 671 de l'Instr. gén. N° 197. Déclarations pour changement de résidence des propriétaires d'inscriptions de rentes 4 et 4 $\frac{1}{2}$ p. 100.

MOIS DE MARS.

1ᵉʳ Mars.

Caisse des dépôts et Trésor.

N° 198. Voir art. 1ᵉʳ.

Préfecture et Personnel.

N° 199. Voir art. 5.

Caisse centrale.

N° 200. Voir art. 10 à 13.

2 Mars.

Mouvement général des fonds.

N° 201. Voir art. 14 et 15.

Trésorier général de la Couronne.

N° 202. Voir art. 16.

3 Mars.

Mouvement des fonds.

N° 203. Voir art. 17 à 25.

Comptabilité.

N° 204. Voir art. 26, 27 (avec les observations qui y font suite) et art. 28.

Préfecture.

N° 205. Voir art. 29.

5 Mars.

Ministère de la marine.

N° 206. Voir art. 30.

8 Mars.

Comptabilité publique.

N° 207. Voir art. 33.

N° 208. Voir art. 51 à 59.

Circul. 22 mai 1866 (Comptabilité publ.), § 6.

N° 209. Résumé général des rôles des contributions directes, fourni par M. le directeur de cette administration, à joindre à la Balance au 28 février, visé de conformité avec les écritures de la Trésorerie générale.

Mouvement général des fonds.

N° 210. Voir art. 34.

Dette inscrite.

N° 211. Voir art. 36 et 110.

Caisse des dépôts.

N° 212. Voir art. 98 à 108.

Légion d'honneur.

N° 213. Voir art. 109.

Trésorier général des invalides de la marine.

N° 214. Voir art. 38.

Ministère de la marine.

N° 215. Voir art. 39.

Intendant divisionnaire.

N° 216. Voir art. 41.

Conservateur des forêts.

N° 217. Voir art. 42.

Directeur des contributions directes.

N° 218. Voir art. 43.

Ordonnateurs secondaires Préfets et ingénieurs.

N° 219. Voir art. 44.

Ministre de l'agriculture, du commerce et des travaux publics.

N° 220. Voir art. 45.

10 Mars.

Comptabilité.

N° 221. Voir art. 46.

Dette inscrite.

N° 222. Voir art. 71.

Préfecture.

N° 223. Voir art. 74 à 77, 79 et 80.

Sous-intendant.

N° 224. Voir art. 81.

Directeur de l'enregistrement et des domaines.

N° 225. Voir art. 82.

Dette inscrite.

Circul. 20 déc. 1862, n° 733 (Comptabilité). N° 226. Déclarations pour changement de résidence des rentiers (dernier envoi — rente 3 p. 100).

11 Mars.

Caisse des dépôts et Trésor.

N° 227. Voir art. 1er.

Caisse centrale.

N° 228. Voir art. 10 à 13.

12 Mars.

Trésorier général de la Couronne.

N° 229. Voir art. 16.

13 Mars.

Mouvement général des fonds.

N° 230. Voir art. 17 à 25.

13 Mars *(suite)*.

Comptabilité.

N° 231. Voir art. 27 (avec les observations qui y font suite) et art. 28.

18 Mars.

Comptabilité.

N° 232. Voir art. 111 à 119.

20 Mars.

Inspecteur des lignes télégraphiques.

N° 233. Voir art. 124.

Préfecture.

N° 234. État des intérêts dus aux communes et établissements publics sur leurs fonds placés en compte courant au Trésor.

Receveurs municipaux, etc.

N° 235. Décomptes des intérêts des fonds placés au Trésor pendant l'année expirée.

21 Mars.

Caisse des dépôts et Trésor.

N° **236.** Voir art. 1ᵉʳ.

Caisse centrale.

N° **237.** Voir art. 10 à 13.

22 Mars.

Trésorier général de la Couronne.

N° **238.** Voir art. 16.

Dette inscrite.

Circ. 21 oct. 1867.   N° **239.** État affirmatif ou négatif des rentes 4 ½ p. 100 atteintes par la prescription quinquennale.

N° **240.** Balances du livre auxiliaire des rentes départementales 4 et 4 ½ p. 100.

23 Mars.

Mouvement général des fonds.

N° **241.** Voir art. 17 à 25.

Comptabilité publique.

N° **242.** Voir art. 27 (avec les observations qui y font suite) et art. 28.

25 Mars.

Mouvement général des fonds.

N° 243. Voir art. 131.

31 Mars.

Dette inscrite.

Circ. 25 oct. 1839 et
20 janv. 1863.

Circ. 20 mai 1841.

Circ. 18 mars 1841.

Circ. 25 oct. 1839.

Idem.

N° 244. Relevé des mutations, réunions, divisions et transferts de toute nature pour le service des rentes départementales. (Un par nature de rente.)

N° 245. Bordereau des opérations effectuées sur les registres auxiliaires relatifs au service des rentes départementales, du 1er janvier au 31 décembre. (Un par nature de rente.)

N° 246. Situation au 31 décembre des livres auxiliaires tenus pour le service des rentes. (En double expédition.)

N° 247. Relevés des transferts opérés pendant l'année. (Un par nature de rente.)

N° 248. Compte des transferts et mutations opérés pendant l'année sur les livres auxiliaires.

N° 249. États détaillés des mutations, réunions et transferts. (Un par nature de rente.)

Ingénieurs des ponts et chaussées.

N° 250. Voir art. 135.

Conservateur des forêts.

N° 251. Voir art. 136.

Sous-intendant.

N° 252. Voir art. 137.

Préfecture.

Art. 136 de l'Instr. gén.

N° 253. États des cotes irrécouvrables remis par les percepteurs.

MOIS D'AVRIL.

1er Avril.

Caisse des dépôts et Trésor.

N° 254. Voir art. 1er.

Préfecture, personnel et comptabilité.

N° 255. Voir art. 5 et 6.

Dette inscrite.

N° 256. Voir art. 7 et 8.

N° 257. Balance du livre auxiliaire des rentes départementales 3 p. 100 au 1er avril.

Caisse centrale.

N° 258. Voir art. 10 à 13.

2 Avril.

Mouvement général des fonds.

N° 259. Voir art. 14 et 15.

Trésorier général de la Couronne.

N° 260. Voir art. 16.

3 Avril.

Mouvement général des fonds.

N° 261. Voir art. 17 à 25.

Comptabilité publique.

N° 262. Voir art. 26, 27 (avec les observations qui y font suite) et art. 28.

Préfecture.

N° 263. Voir art. 29.

5 Avril.

Ministère de la marine.
> N° 264. Voir art. 30.

8 Avril.

Comptabilité publique.
> N° 265. Voir art. 33, 51 à 59.

Mouvement général des fonds.
> N° 266. Voir art. 34 et 35.

Dette inscrite.
> N° 267. Voir art. 36, 37 et 110.

Caisse des dépôts.
> N° 268. Voir art. 98 à 108.

Légion d'honneur.
> N° 269. Voir art. 109.

Trésorier général des invalides de la marine.
> N° 270. Voir art. 38.

Ministère de la marine.
> N° 271. Voir art. 39.

Intendant divisionnaire.
> N° 272. Voir art. 41.

Conservateur des forêts.
> N° 273. Voir art. 42.

Directeur des contributions directes.
> N° 274. Voir art. 43.

Préfet et ingénieurs.
> N° 275. Voir art. 44.

Ministère de l'agriculture, du commerce et des travaux publics.
> N° 276. Voir art. 45.

10 Avril.

Comptabilité publique.

N° 277. Voir art. 46 à 50.

Dette inscrite.

N° 278. Voir art. 71.

Sous-intendant.

N° 279. Voir art. 81.

Préfecture.

N° 280. Voir art. 74 à 77, 79 et 80.

N° 281. État des restes à recouvrer au 31 mars sur les produits destinés aux dépenses des écoles normales primaires de l'exercice précédent. Une expédition de cet état, dûment arrêté par le Préfet, doit être adressée le plus tôt possible à la Comptabilité publique.

Directeur de l'enregistrement.

N° 282. Voir art. 82.

Présidents des caisses d'épargne de l'arrondissement.

N° 283. Voir art. 83.

11 Avril.

Caisse des dépôts et Trésor.

N° 284. Voir art. 1er.

Caisse centrale.

N° 285. Voir art. 10 à 13.

12 Avril.

Trésorier général de la Couronne.

N° 286. Voir art. 16.

13 Avril.

Mouvement général des fonds.

N° 287. Voir art. 17 à 25.

13 Avril *(suite)*.

Comptabilité publique.

N° 288. Voir art. 27 et 28.

15 Avril.

Mouvement général des fonds.

N° 289. Voir art. 92.

18 Avril.

Comptabilité publique.

N° 290. Voir art. 111 à 119.

20 Avril.

Directeur des contributions directes.

N° 291. Voir art. 123.

Inspecteur des lignes télégraphiques.

N° 292. Voir art. 124.

Mouvement général des fonds.

N° 293. Voir art. 125.

Préfecture.

Art. 128 et 136 de l'Inst. gén. N° 294. États des cotes indûment imposées remis par les percepteurs.

21 Avril.

Caisse des dépôts et Trésor.

N° 295. Voir art. 1er.

Caisse centrale.

N° 296. Voir art. 10 à 13.

22 Avril.

Trésorier général de la Couronne.

N° 297. Voir art. 16.

23 Avril.

Mouvement général des fonds.

N° 298. Voir art. 17 à 25.

Comptabilité publique.

N° 299. Voir art. 27 et 28.

25 Avril.

Mouvement général des fonds.

N° 300. Voir art. 131.

30 Avril.

Comptabilité publique.

Art. 347, 1224, 1297 et 1618 de l'Instr. gén.

N° 301. États, par arrondissement (modèle n° 252), des remises des percepteurs-receveurs municipaux et receveurs spéciaux sur tous les produits.

Ordonnateurs secondaires.

Circul. 4 juill. 1851, n° 189 (Comptabilité).

Circ. 15 janv. 1868. Fasquel, art. 1168.

N° 302. Relevés des mandats non payés à la clôture de l'exercice.

(Cette clôture a lieu le 30 avril de la seconde année pour les dépenses départementales.)

Ingénieurs des ponts et chaussées.

N° 303. Voir art. 135.

Conservateur des forêts.

N° 304. Voir art. 136.

Sous-intendant.

N° 305. Voir art. 137.

MOIS DE MAI.

1er Mai.

Caisse des dépôts et Trésor.

N° 306. Voir art. 1er.

Préfecture et personnel.

N° 307. Voir art. 5.

Caisse centrale.

N° 308. Voir art. 10 à 13.

2 Mai.

Mouvement général des fonds.

N° 309. Voir art. 14 et 15.

Trésorier général de la Couronne.

N° 310. Voir art. 16.

3 Mai.

Mouvement général des fonds.

N° 311. Voir art. 17 à 25.

Comptabilité publique.

N° 312. Voir art. 26 à 28.

Préfecture.

N° 313. Voir art. 29.

5 Mai.

Préfecture.

N° 314. Voir art. 146.

Ministère de la marine.

N° 315. Voir art. 30.

8 Mai.

Comptabilité publique.

N° 316. Voir art. 33 et 51 à 60.

Mouvement général des fonds.

N° 317. Voir art. 34.

Dette inscrite.

N° 318. Voir art. 36 et 110.

Caisse des dépôts.

N° 319. Voir art. 98 à 108.

Légion d'honneur.

N° 320. Voir art. 109.

Trésorier général des invalides de la marine.

N° 321. Voir art. 38.

Ministère de la marine.

N° 322. Voir art. 39.

Intendant divisionnaire.

N° 323. Voir art. 41.

Conservateur des forêts.

N° 324. Voir art. 42.

Directeur des contributions directes.

N° 325. Voir art. 43.

Préfet et ingénieurs.

N° 326. Voir art. 44.

Ministère de l'agriculture, du commerce et des travaux publics.

N° 327. Voir art. 45.

10 Mai.

Comptabilité publique.

N° 328. Voir art. 46.

Dette inscrite.

N° 329. Voir art. 71 et 172.

Sous-intendant.

N° 330. Voir art. 81 et 168 (du 1ᵉʳ janvier au 31 mars).

Préfecture.

N° 331. Voir art. 74 à 77, 79 et 80.

Directeur de l'enregistrement.

N° 332. Voir art. 82.

11 Mai.

Caisse des dépôts et Trésor.

N° 333. Voir art. 1ᵉʳ.

Caisse centrale.

N° 334. Voir art. 10 à 13.

12 Mai.

Trésorier général de la Couronne.

N° 335. Voir art. 16.

13 Mai.

Mouvement général des fonds.

N° 336. Voir art. 17 à 25.

Comptabilité publique.

N° 337. Voir art. 27 et 28.

18 Mai.

Comptabilité publique.

N° 338. Voir art. 111 à 119.

20 Mai.

Comptabilité publique.

N° 339. Voir art. 186.

Inspecteur des lignes télégraphiques.

N° 340. Voir art. 124.

21 Mai.

Caisse des dépôts et Trésor.

N° 341. Voir art. 1er.

Caisse centrale.

N° 342. Voir art. 10 à 13.

22 Mai.

Trésorier général de la Couronne.

N° 343. Voir art. 16.

23 Mai.

Mouvement général des fonds.

N° 344. Voir art. 17 à 25.

23 Mai *(suite)*.

Comptabilité publique.

N° 345. Voir art. 27 et 28.

25 Mai.

Mouvement général des fonds.

N° 346. Voir art. 131.

Le dernier jour du mois.

Ingénieurs des ponts et chaussées.

N° 347. Voir art. 135.

Conservateur des forêts.

N° 348. Voir art. 136.

Sous-intendant.

N° 349. Voir art. 137.

MOIS DE JUIN.

1er Juin.

Caisse des dépôts et Trésor.

N° 350. Voir art. 1er.

Préfecture et personnel.

N° 351. Voir art. 5.

Caisse centrale.

N° 352. Voir art. 10 à 13.

2 Juin.

Mouvement général des fonds.

N° 353. Voir art. 14 et 15.

Trésorier général de la Couronne.

N° 354. Voir art. 16.

3 Juin.

Mouvement général des fonds.

N° 355. Voir art. 17 à 25.

Comptabilité publique.

N° 356. Voir art. 26 à 28.

Préfecture.

N° 357. Voir art. 29.

5 Juin.

Ministère de la marine.

N° 358. Voir art. 30.

8 Juin.

Comptabilité publique.

N° 359. Voir art. 33 et 51 à 60.

Mouvement général des fonds.

N° 360. Voir art. 34.

Dette inscrite.

N° 361. Voir art. 36 et 110.

Caisse des dépôts.

N° 362. Voir art. 98 à 108.

Légion d'honneur.

N° 363. Voir art. 109.

Trésorier général des invalides de la marine.

N° 364. Voir art. 38.

Ministère de la marine.

N° 365. Voir art. 39.

Intendant divisionnaire.

N° 366. Voir art. 41.

Conservateur des forêts.

N° 367. Voir art. 42.

Directeur des contributions directes.

N° 368. Voir art. 43.

Préfet et ingénieurs.

N° 369. Voir art. 44.

Ministère de l'agriculture, du commerce et des travaux publics.

N° 370. Voir art. 45.

10 Juin.

Comptabilité publique.

N° 371. Voir art. 46.

10 Juin *(suite)*.

Dette inscrite.

N° 372. Voir art. 71 et 226.

Préfecture.

N° 373. Voir art. 74 à 77, 79 et 80.

Sous-intendant.

N° 374. Voir art. 81.

Directeur de l'enregistrement.

N° 375. Voir art. 82.

11 Juin.

Caisse des dépôts et Trésor.

N° 376. Voir art. 1er.

Caisse centrale.

N° 377. Voir art. 10 à 13.

12 Juin.

Trésorier général de la Couronne.

N° 378. Voir art. 16.

13 Juin.

Mouvement général des fonds.

N° 379. Voir art. 17 à 25.

Comptabilité publique.

N° 380. Voir art. 27 et 28.

18 Juin.

Comptabilité publique.

N° 381. Voir art. 111 à 119.

20 Juin.

Inspecteur des lignes télégraphiques.

N° 382. Voir art. 124.

21 Juin.

Caisse des dépôts et Trésor.

N° 383. Voir art. 1er.

Caisse centrale.

N° 384. Voir art. 10 à 13.

22 Juin.

Trésorier général de la Couronne.

N° 385. Voir art. 16.

23 Juin.

Mouvement général des fonds.

N° 386. Voir art. 17 à 25.

Comptabilité publique.

N° 387. Voir art. 27 et 28.

25 Juin.

Mouvement général des fonds.

N° 388. Voir art. 131.

30 Juin.

Trésorier général de la Couronne.

Circ. 20 janv. 1858.　　N° 389. État souche et états supplémentaires des pensionnaires de la liste civile.

Ordonnateurs secondaires.

Circ. 4 juill. 1851, n° 189
(Comptabilité).　　N° 390. Relevés des mandats non payés à la clôture de l'exercice.

Circ. 15 janv. 1868. Pasquel, art. 1158.　　Nota. — La clôture de l'exercice a lieu le 30 juin de la seconde année pour les services de la guerre et de l'Algérie.

Ingénieurs des ponts et chaussées.

N° 391. Voir art. 135.

Conservateur des forêts.

N° 392. Voir art. 136.

Sous-intendant.

N° 393. Voir art. 137.

MOIS DE JUILLET.

1er Juillet.

Caisse des dépôts et Trésor.

N° 394. Voir art. 1er.

Préfecture, personnel et comptabilité.

N° 395. Voir art. 5 et 6.

Dette inscrite.

N° 396. Voir art. 7 et 8.

N° 397. Balance au 1er juillet du livre auxiliaire des rentes départementales 3 p. 100.

Caisse centrale.

N° 398. Voir art. 10 à 13.

2 Juillet.

Mouvement général des fonds.

N° 399. Voir art. 14 et 15.

Trésorier général de la Couronne. —

N° 400. Voir art. 16.

Comptabilité publique.

N° 401. États récapitulatifs formant titres de perception des retenues pour pensions civiles exercées, pendant l'exercice qui touche à sa fin, sur les émoluments des receveurs des finances et des percepteurs.

3 Juillet.

Mouvement général des fonds.

N° 402. Voir art. 17 à 25.

3 Juillet *(suite).*

Comptabilité publique.

N° 403. Voir art. 26 à 28.

Préfecture.

N° 404. Voir art. 29.

5 Juillet.

Ministère de la marine.

N° 405. Voir art. 30.

8 Juillet.

Comptabilité publique.

N° 406. Voir art. 33 et 51 à 60.

Mouvement général des fonds.

N° 407. Voir art. 34 et 35.

Dette inscrite.

N° 408. Voir art. 36, 37 et 110.

Caisse des dépôts.

N° 409. Voir art. 98 à 108.

Légion d'honneur.

N° 410. Voir art. 109.

Trésorier général des invalides de la marine.

N° 411. Voir art. 38.

Ministère de la marine.

N° 412. Voir art. 39.

Intendant divisionnaire.

N° 413. Voir art. 41.

Conservateur des forêts.

N° 414. Voir art. 42.

Directeur des contributions directes.

N° 415. Voir art. 43.

8 Juillet *(suite)*.

Préfet et ingénieurs.

N° 416. Voir art. 44.

Ministère de l'agriculture, du commerce et des travaux publics.

N° 417. Voir art. 45.

10 Juillet.

Comptabilité publique.

N° 418. Voir art. 46 à 50.

Mouvement général des fonds.

N° 419. Voir art. 69, 70 et 93.

Dette inscrite.

N° 420. Voir art. 71.

Préfecture.

N° 421. Voir art. 74 à 77, 79 et 80.

Sous-intendant.

N° 422. Voir art. 81.

Directeur de l'enregistrement.

N° 423. Voir art. 82.

Présidents des caisses d'épargne de l'arrondissement.

N° 424. Voir art. 83.

11 Juillet.

Caisse des dépôts et Trésor.

N° 425. Voir art. 1er.

Caisse centrale.

N° 426. Voir art. 10 à 13.

12 Juillet.

Comptabilité publique.

N° 427. Voir art. 86.

Trésorier général de la Couronne.

N° 428. Voir art. 16.

13 Juillet.

Mouvement général des fonds.

N° 429. Voir art. 17 à 25.

Comptabilité publique.

N° 430. Voir art. 27 et 28.

15 Juillet.

Mouvement général des fonds.

N° 431. Voir art. 92.

Comptabilité publique.

N° 432. Voir art. 90.

Direction du personnel.

N° 433. Voir art. 97.

Art. 1852 de l'Instr. gén.   N° 434. Feuilles de signalement des receveurs spéciaux du département (modèle n° 277).

Écriture d'ordre.

Circ. 30 mai 1866.   N° 435. Annulation des crédits de la guerre.

18 Juillet.

Comptabilité publique.

N° 436. Voir art. 111 à 119.

20 Juillet.

Directeur des contributions directes.

N° 437. Voir art. 123.

Inspecteur des lignes télégraphiques.

N° 438. Voir art. 124.

Mouvement général des fonds.

N° 439. Voir art. 125.

21 Juillet.

Caisse des dépôts et Trésor.

N° 440. Voir art. 1ᵉʳ.

Caisse centrale.

N° 441. Voir art. 10 à 13.

22 Juillet.

Trésorier général de la Couronne.

N° 442. Voir art. 16.

23 Juillet.

Mouvement général des fonds.

N° 443. Voir art. 17 à 25.

Comptabilité publique.

N° 444. Voir art. 27 et 28.

25 Juillet.

Mouvement général des fonds.

N° 445. Voir art. 131.

31 Juillet.

Ingénieurs des ponts et chaussées.

N° 446. Voir art. 135.

Conservateur des forêts.

N° 447. Voir art. 136.

Sous-intendant.

N° 448. Voir art. 137.

MOIS D'AOUT.

1ᵉʳ Août.

Caisse des dépôts et Trésor.

N° 449. Voir art. 1ᵉʳ.

Préfecture et personnel.

N° 450. Voir art. 5.

Caisse centrale.

N° 451. Voir art. 10 à 13.

2 Août.

Mouvement général des fonds.

N° 452. Voir art. 14 et 15.

Trésorerie générale de la Couronne.

N° 453. Voir art. 16.

3 Août.

Mouvement général des fonds.

N° 454. Voir art. 17 à 25.

Comptabilité publique.

N° 455. Voir art. 26 à 28.

Préfecture.

N° 456. Voir art. 29.

5 Août.

Préfecture.

N° 457. Voir art. 146.

Ministère de la marine.

N° 458. Voir art. 30.

8 Août.

Comptabilité publique.

N° 459. Voir art. 33 et 51 à 60.

Mouvement général des fonds.

N° 460. Voir art. 34.

Dette inscrite.

N° 461. Voir art. 36 et 110.

Caisse des dépôts.

N° 462. Voir art. 98 à 108.

Légion d'honneur.

N° 463. Voir art. 109.

Trésorier général des invalides de la marine.

N° 464. Voir art. 38.

Ministère de la marine.

N° 465. Voir art. 39.

Intendant divisionnaire.

N° 466. Voir art. 41.

Conservateur des forêts.

N° 467. Voir art. 42.

Directeur des contributions directes.

N° 468. Voir art. 43.

Préfet et ingénieurs.

N° 469. Voir art. 44.

Ministre de l'agriculture, du commerce et des travaux publics.

N° 470. Voir art. 45.

10 Août.

Comptabilité publique.

N° 471. Voir art. 46.

Dette inscrite.

N° 472. Voir art. 71 et 172.

Sous-intendant.

N° 473. Voir art. 81 et 168 (du 1er avril au 30 juin).

Préfecture.

N° 474. Voir art. 74 à 77, 79 et 80.

Directeur de l'enregistrement.

N° 475. Voir art. 82 et 170 (semestre du 1er janvier au 30 juin).

11 Août.

Caisse des dépôts et Trésor.

N° 476. Voir art. 1er.

Caisse centrale.

N° 477. Voir art. 10 à 13.

12 Août.

Trésorier général de la Couronne.

N° 478. Voir art. 16.

13 Août.

Mouvement général des fonds.

N° 479. Voir art. 17 à 25.

13 Août *(suite)*.

Comptabilité publique.

N° 480. Voir art. 27 et 28.

18 Août.

Comptabilité publique.

N° 481. Voir art. 111 à 119.

20 Août.

Comptabilité publique.

N° 482. Voir art. 186.

Inspecteur des lignes télégraphiques.

N° 483. Voir art. 124.

21 Août.

Caisse des dépôts et Trésor.

N° 484. Voir art. 1er.

Caisse centrale.

N° 485. Voir art. 10 à 13.

22 Août.

Trésorier général de la Couronne.

N° 486. Voir art. 16.

23 Août.

Mouvement général des fonds.

N° 487. Voir art. 17 25.

Comptabilité publique.

N° 488. Voir art. 27 et 28.

25 Août

Mouvement général des fonds.

N° 489. Voir art. 131.

Le dernier jour du mois.

Dette inscrite.

N° 490. Voir art. 197.

Ingénieurs des ponts et chaussées.

N° 491. Voir art. 135.

Conservateur des forêts.

N° 492. Voir art. 136.

Sous-intendant.

N° 493. Voir art. 137.

Clôture de l'exercice.

N° 494. Se reporter aux circulaires : 1° de la Comptabilité publique des 14 août 1867, § 1er, et 24 août 1868, et 2° du secrétariat général des finances du 28 de ce dernier mois, pour les soins qu'exigent les opérations de comptabilité relatives à la clôture de l'exercice.

Le dernier jour du mois *(suite)*.

Préfecture.

Circ. 30 janv. 1866.

N° 495. Délai de rigueur pour le dépôt des comptes de gestion des percepteurs-receveurs municipaux et d'établissements publics.

N° 496. Dès l'expiration du mois d'août il convient de s'occuper de la préparation de la 1re partie du Compte de gestion, ainsi que des états et bordereaux formant la collection qui accompagne ce compte, dont l'envoi au ministère doit avoir lieu du 15 au 20 octobre.

MOIS DE SEPTEMBRE.

1er Septembre.

Caisse des dépôts et Trésor.

N° 497. Voir art. 1er.

Préfecture et personnel.

N° 498. Voir art. 5.

Caisse centrale.

N° 499. Voir art. 10 à 13.

2 Septembre.

Mouvement général des fonds.

N° 500. Voir art. 14 et 15.

Trésorier général de la Couronne.

N° 501. Voir art. 16.

3 Septembre.

Mouvement général des fonds.

N° 502. Voir art. 17 à 25.

Comptabilité publique.

N° 503. Voir art. 26 à 28.

Préfecture.

N° 504. Voir art. 29.

5 Septembre.

Ministère de la marine.

N° 505. Voir art. 30.

8 Septembre.

Comptabilité publique.

N° 506. Voir art. 33 et 51 à 60.

Mouvement général des fonds.

N° 507. Voir art. 34.

Dette inscrite.

N° 508. Voir art. 36 et 110.

Caisse des dépôts.

N° 509. Voir art. 98 à 108.

Légion d'honneur.

N° 510. Voir art. 109. Aux éléments de comptes du mois d'août il y a lieu de joindre : 1° les états récapitulatifs des recouvrements et des payements effectués jusqu'au 31 août pour l'exercice qui finit, et 2° les états des restes à payer sur arrérages des légionnaires et des médaillés. (Mod. n°s 157 et 158, art. 579 de l'Instr. gén. — Mod. n° 13. Instr. du 1er mai 1861.)

Trésorier général des invalides de la marine.

N° 511. Voir art. 38.

Ministère de la marine.

N° 512. Voir art. 39.

Intendant divisionnaire.

N° 513. Voir art. 41.

Conservateur des forêts.

N° 514. Voir art. 42.

Directeur des contributions directes.

N° 515. Voir art. 43.

Préfet et ingénieurs.

N° 516. Voir art. 44.

Ministère de l'agriculture, du commerce et des travaux publics.

N° 517. Voir art. 45.

10 Septembre.

Comptabilité publique.

N° 518. Voir art. 46.

Dette inscrite.

N° 519. Voir art. 71 et 226.

Préfecture.

N° 520. Voir art. 74 à 77, 79 et 80.

Sous-intendant.

N° 521. Voir art. 81.

Directeur de l'enregistrement.

N° 522. Voir art. 82.

11 Septembre.

Caisse des dépôts et Trésor.

N° 523. Voir art. 1er.

Caisse centrale.

N° 524. Voir art. 10 à 13.

12 Septembre.

Trésorier général de la Couronne.

N° 525. Voir art. 16.

13 Septembre.

Mouvement général des fonds.

N° 526. Voir art. 17 à 25.

Comptabilité publique.

N° 527. Voir art. 27 et 28.

18 Septembre.

Comptabilité publique.

N° 528. Voir art. 111 à 119.

20 Septembre.

Inspecteur des lignes télégraphiques.

N° 529. Voir art. 124.

21 Septembre.

Caisse des dépôts et Trésor.

N° 530. Voir art. 1er.

Caisse centrale.

N° 531. Voir art. 10 à 13.

22 Septembre.

Trésorier général de la Couronne.

N° 532. Voir art. 16.

Dette inscrite.

N° 533. Voir art. 239 et 240.

23 Septembre.

Mouvement général des fonds.

N° 534. Voir art. 17 à 25.

23 Septembre *(suite)*.

Comptabilité publique.

N° 535. Voir art. 27 et 28.

25 Septembre.

Mouvement général des fonds.

N° 536. Voir art. 131.

30 Septembre.

Ingénieurs des ponts et chaussées.

N° 537. Voir art. 135.

Conservateur des forêts.

N° 538. Voir art. 136.

Sous-intendant.

N° 539. Voir art. 137.

MOIS D'OCTOBRE.

1er Octobre.

Caisse des dépôts et Trésor.

N° 540. Voir art. 1er.

Préfecture, personnel et comptabilité.

N° 541. Voir art. 5 et 6.

Dette inscrite.

N° 542. Voir art. 7 et 8.

N° 543. Balance au 1er octobre, du livre auxiliaire des rentes départementales 3 p. 100.

Caisse centrale.

N° 544. Voir art. 10 à 13.

2 Octobre.

Mouvement général des fonds.

N° 545. Voir art. 14 et 15.

Trésorier général de la Couronne.

N° 546. Voir art. 16.

3 Octobre.

Mouvement général des fonds.

N° 547. Voir art. 17 à 25.

Comptabilité publique.

N° 548. Voir art. 26 à 28.

Préfecture.

N° 549. Voir art. 29.

5 Octobre.

Ministère de la marine.

N° 550. Voir art. 30.

8 Octobre.

Comptabilité publique.

N° 551. Voir art. 33 et 51 à 60.

Mouvement général des fonds.

N° 552. Voir art. 34 et 35.

Dette inscrite.

N° 553. Voir art. 36, 37 et 110.

Caisse des dépôts.

N° 554. Voir art. 98 à 108.

Légion d'honneur.

N° 555. Voir art. 109.

Trésorier général des invalides de la marine.

N° 556. Voir art. 38.

Ministère de la marine.

N° 557. Voir art. 39.

Intendant divisionnaire.

N° 558. Voir art. 41.

Conservateur des forêts.

N° 559. Voir art. 42.

Directeur des contributions directes.

N° 560. Voir art. 43.

Préfet et ingénieurs.

N° 561. Voir art. 44.

Ministère de l'agriculture, du commerce et des travaux publics.

N° 562. Voir art. 45.

10 Octobre.

Comptabilité publique.

N° 563. Voir art. 46 à 50.

Dette inscrite.

N° 564. Voir art. 71.

Préfecture.

N° 565. Voir art. 74 à 77, 79 et 80.

Sous-intendant.

N° 566. Voir art. 81.

Directeur de l'enregistrement.

N° 567. Voir art. 82.

Présidents des caisses d'épargne de l'arrondissement.

N° 568. Voir art. 83.

NOTA. — La circulaire de la Comptabilité du 24 août 1868, § 1er, a maintenu les dispositions de l'article 1886 de l'Instruction générale, d'après lesquelles *l'annulation des crédits de délégation* non employés en fin d'exercice, pour les dépenses de l'ancien service de la Recette générale, *ne doit être constatée* par une mention au journal qu'à *la date du 10 octobre seulement.*

11 Octobre.

Caisse des dépôts et Trésor.

N° 569. Voir art. 1er.

Caisse centrale.

N° 570. Voir art. 10 à 13.

12 Octobre.

Trésorier général de la Couronne.

N° 571. Voir art. 16.

13 Octobre.

Mouvement général des fonds.

N° 572. Voir art. 17 et 25.

Comptabilité publique.

N° 573. Voir art. 27 et 28.

15 Octobre.

Mouvement général des fonds.

N° 574. Voir art. 92.

Comptabilité publique.

N° 575. La circulaire du 24 août 1868, § 3, a prescrit que la première partie du Compte de gestion 1868, exercice 1867, devait parvenir à la Direction générale *du 15 au 20 octobre, ni avant ni après.*

18 Octobre.

Comptabilité publique.

N° 576. Voir art. 111 à 119.

20 Octobre.

Directeur des contributions directes.

N° 577. Voir art. 123.

Inspecteur des lignes télégraphiques.

N° 578. Voir art. 124.

Mouvement général des fonds.

N° 579. Voir art. 125.

21 Octobre.

Caisse des dépôts et Trésor.

N° 580. Voir art. 1er.

Caisse centrale.

N° 581. Voir art. 10 à 13.

22 Octobre.

Trésorier général de la Couronne.

N° 582. Voir art. 16.

23 Octobre.

Mouvement général des fonds.

N° 583. Voir art. 17 à 25.

Comptabilité publique.

N° 584. Voir art. 27 et 28.

25 Octobre.

Mouvement général des fonds.

N° 585. Voir art. 131.

31 Octobre.

Ingénieurs des ponts et chaussées.

N° 586. Voir art. 135.

Conservateur des forêts.

N° 587. Voir art. 136.

Sous-intendant.

N° 588. Voir art. 137.

MOIS DE NOVEMBRE.

---

2 Novembre.

Caisse des dépôts et Trésor.
> N° 589. Voir art. 1ᵉʳ.

Préfecture et personnel.
> N° 590. Voir art 5.

Caisse centrale.
> N° 591. Voir art. 10 à 13.

Mouvement général des fonds.
> N° 592. Voir art. 14 et 15.

Trésorier général de la Couronne.
> N° 593. Voir art. 16.

3 Novembre.

Mouvement général des fonds.
> N° 594. Voir art. 17 à 25.

Comptabilité publique.
> N° 595. Voir art. 26 à 28.

Préfecture.
> N° 596. Voir art. 29.

5 Novembre.

Ministère de la marine.
> N° 597. Voir art. 30.

5 Novembre *(suite)*.

Préfecture.

N° 598. Voir art. 146.

8 Novembre.

Comptabilité publique.

N° 599. Voir art. 33 et 51 à 59.

Mouvement général des fonds.

N° 600. Voir art. 34.

Dette inscrite.

N° 601. Voir art. 36 et 110.

Caisse des dépôts.

N° 602. Voir art. 98 à 108.

Légion d'honneur.

N° 603. Voir art. 109.

Trésorier général des invalides de la marine.

N° 604. Voir art. 38.

Ministère de la marine.

N° 605. Voir art. 39.

Intendant divisionnaire.

N° 606. Voir art. 41.

Conservateur des forêts.

N° 607. Voir art. 42.

Directeur des contributions directes.

N° 608. Voir art. 43.

Préfet et ingénieurs.

N° 609. Voir art. 44.

Ministère de l'agriculture, du commerce et des travaux publics.

N° 610. Voir art. 45.

10 Novembre.

Comptabilité publique.

N° 611. Voir art. 46.

10 Novembre *(suite)*.

Dette inscrite.

N° 612. Voir art. 71 et 172.

Sous-intendant.

N° 613. Voir art. 81 et 168 (du 1er juillet au 31 octobre).

Préfecture.

N° 614. Voir art. 74 à 77, 79 et 80.

Directeur de l'enregistrement.

N° 615. Voir art. 82.

11 Novembre.

Caisse des dépôts et Trésor.

N° 616. Voir art. 1er.

Caisse centrale.

N° 617. Voir art. 10 à 13.

12 Novembre.

Trésorier général de la Couronne.

N° 618. Voir art. 16.

13 Novembre.

Mouvement général des fonds.

N° 619. Voir art. 17 à 25.

Comptabilité publique.

N° 620. Voir art. 27 et 28.

18 Novembre.

Comptabilité publique.

N° 621. Voir art. 111 à 119.

20 Novembre.

Comptabilité publique.

N° 622. Voir art. 186.

Inspecteur des lignes télégraphiques.

N° 623. Voir art. 124.

21 Novembre.

Caisse des dépôts et Trésor.

N° 624. Voir art. 1er.

Caisse centrale.

N° 625. Voir art. 10 à 13.

22 Novembre.

Trésorier général de la Couronne.

N° 626. Voir art. 16.

23 Novembre.

Mouvement général des fonds.

N° 627. Voir art. 17 à 25.

Comptabilité publique.

N° 628. Voir art. 27 et 28.

25 Novembre.

Mouvement général des fonds.

N° 629. Voir art. 131.

Le dernier jour du mois

Ingénieurs des ponts et chaussées.

N° 630. Voir art. 135.

Conservateur des forêts.

N° 631. Voir art. 136.

Sous-intendant.

N° 632. Voir art. 137.

MOIS DE DÉCEMBRE.

1ᵉʳ Décembre.

Caisse des dépôts et Trésor.

N° 633. Voir art. 1ᵉʳ.

Préfecture et personnel.

N° 634. Voir art. 5.

Caisse centrale.

N° 635. Voir art. 10 à 13.

2 Décembre.

Mouvement général des fonds.

N° 636. Voir art. 14 et 15.

Trésorier général de la Couronne.

N° 637. Voir art. 16.

3 Décembre.

Mouvement général des fonds.

N° 638. Voir art. 17 à 25.

Comptabilité publique.

N° 639. Voir art. 26 à 28.

5 Décembre.

Ministère de la marine.

N° 640. Voir art. 30.

8 Décembre.

Comptabilité publique.

N° 641. Voir art. 33 et 51 à 59.

Mouvement général des fonds.

N° 642. Voir art. 34.

Dette inscrite.

N° 643. Voir art. 36 et 110.

Caisse des dépôts.

N° 644. Voir art. 98 à 108.

Légion d'honneur.

N° 645. Voir art. 109.

Trésorier général des invalides de la marine.

N° 646. Voir art. 39.

Intendant divisionnaire.

N° 647. Voir art. 41.

Conservateur des forêts.

N° 648. Voir art. 42.

Directeur des contributions directes.

N° 649. Voir art. 43.

Préfet et ingénieurs.

N° 650. Voir art. 44.

Ministère de l'agriculture, du commerce et des travaux publics.

N° 651. Voir art. 45.

10 Décembre.

Comptabilité publique.

N° 652. Voir art. 46.

10 Décembre *(suite)*.

Dette inscrite.

N° 653. Voir art. 71 et 226.

Préfecture.

N° 654. Voir art. 74 à 77, 79 et 80.

Sous-intendant.

N° 655. Voir art. 81.

Directeur de l'enregistrement.

N° 656. Voir art. 82.

11 Décembre.

Caisse des dépôts et Trésor.

N° 657. Voir art. 1er.

Caisse centrale.

N° 658. Voir art. 10 à 13.

12 Décembre.

Trésorier général de la Couronne.

N° 659. Voir art. 16.

13 Décembre.

Mouvement général des fonds.

N° 660. Voir art. 17 à 25.

Comptabilité publique.

N° 661. Voir art. 27 et 28.

18 Décembre.

Comptabilité publique.
N° 662. Voir art. 111 à 119.

20 Décembre.

Inspecteur des lignes télégraphiques.
N° 663. Voir art. 124.

21 Décembre.

Caisse des dépôts et Trésor.
N° 664. Voir art. 1er.

Caisse centrale.
N° 665. Voir art. 10 à 13.

22 Décembre.

Trésorier général de la Couronne.
N° 666. Voir art. 16.

23 Décembre.

Mouvement général des fonds.
N° 667. Voir art. 17 à 25.

Comptabilité publique.
N° 668. Voir art. 27 et 28.

25 Décembre.

Mouvement général des fonds.

N° 669. Voir art. 131.

31 Décembre.

Ingénieurs des ponts et chaussées.

N° 670. Voir art. 135.

Conservateur des forêts.

N° 671. Voir art. 136.

Sous-intendant.

N° 672. Voir art. 137.

Dette inscrite.

N° 673. Balance, au 1er janvier, du livre auxiliaire des rentes départementales 3 p. 100.

Opérations de fin d'année.

N° 674. Le 31 décembre au soir il est dressé un procès-verbal (minute et deux expéditions) des valeurs existant dans la caisse et dans le portefeuille de la Trésorerie générale. Les valeurs de portefeuille doivent être groupées par catégorie, mais détaillées une à une sur ce procès-verbal qui est dressé par le préfet ou son délégué. La minute reste à la Trésorerie générale; les deux expéditions sont remises au préfet, qui en conserve une pour les archives de la Préfecture, et qui envoie la seconde au Ministère des finances pour être ultérieurement annexée d'office à la collection des états et bordereaux produits à l'appui de la 2e partie du Compte de gestion.

N° 675. — Se reporter aux circulaires de la Comptabilité publique des 30 décembre 1867, § 3, et 10 décembre 1868, §§ 1, 2 et 3, pour les soins qu'exigent les opérations de comptabilité de fin d'année.

STRASBOURG, IMPRIMERIE DE VEUVE BERGER-LEVRAULT.

www.ingramcontent.com/pod-product-compliance
Lightning Source LLC
Chambersburg PA
CBHW030927220326
41521CB00039B/989